इतने पास अपने

[कविता-संग्रह]

इतने पास अपने

शमशेर बहादुर सिंह

राजकमल प्रकाशन
नयी दिल्ली पटना इलाहाबाद

मूल्य : ₹ 150

पहला संस्करण : 1980
दूसरा संस्करण : 2011

प्रकाशक : राजकमल प्रकाशन प्रा. लि.
1-बी, नेताजी सुभाष मार्ग
नई दिल्ली-110 002

शाखाएँ : अशोक राजपथ, साइंस कॉलेज के सामने, पटना-800 006
पहली मंजिल, दरबारी बिल्डिंग, महात्मा गांधी मार्ग, इलाहाबाद-211 001

वेबसाइट : www.rajkamalprakashan.com
ई-मेल : info@rajkamalprakashan.com

आवरण : राजकमल स्टूडियो

मुद्रक : बी.के. ऑफसेट
नवीन शाहदरा, दिल्ली-110 032

ITANE PAS APANE
Poems by Shamsher Bahadur Singh

ISBN : 978-81-267-2035-4

प्रतिभा में गुरु! प्रथम आधुनिक—
कवि होना भी क्या है ठट्ठा!

दिल्ली-प्रवास के अपने
हार्दिक साथी और सच्चे दोस्त
प्रभाकर माचवे
को
सप्रेम

आभार-ज्ञापन

यह 'इतने पास अपने' प्रायः इधर की कविताओं का ही संग्रह है। यानी अधिकांशतः सन् '60 के बाद की कविताओं में से एक चयन। इनको इकट्ठा करने में बन्धुवर डॉ. नरेन्द्र वशिष्ठ ने बहुत मदद दी है। 'पूर्वग्रह', सन् '75 के कविता-अंक के शीर्ष नाम की याद करते हुए संग्रह का नाम भी उन्होंने ही सुझाया। यह सूझ मुझे अच्छी लगी; जो कि, मूलरूपेण, मानना पड़ेगा, आधुनिक साहित्य-कला-मर्मी अशोक वाजपेयी की थी।

यह संग्रह प्रकाशित होते-होते अभी और काफी समय ले लेता अगर डॉ. नरेन्द्र वशिष्ठ का उत्साह और प्रकाशक श्रीमती शीला सन्धू की सच्ची दिलचस्पी शामिले-हाल न होती। बहरहाल, मैं कृतज्ञ हूँ।

उम्मीद तो है कि शीघ्र ही मेरे अन्य कविता-संग्रह भी, जैसे– 'बात बोलेगी', 'उदिता', 'ग़ज़लें' वगैरा भी प्रकाश में आएँ। उम्मीद तो है।

जिन पत्रिकाओं ने विशेष रुचि से मेरी इन कविताओं को जब-तब छापा है, उनके प्रति भी कृतज्ञता प्रकाशित करना मेरा धर्म है। उनमें 'कल्पना', 'लहर', 'नया प्रतीक', 'जनयुग', 'पूर्वग्रह', 'साक्षात्कार', 'आजकल', 'ऋतुचक्र', 'अकथ' और 'दीर्घा' प्रमुख हैं।

जी, 3/28 मॉडल टाउन
दिल्ली-9

शमशेर बहादुर सिंह

अनुक्रम

इतने पास अपने

सन्ध्या

सन्‍ ध्या दी र्घा त्मी या
उच्‍ छ्वा सां गी प्री या
स्व र्गं गा अप नों की
इ त नी पास अपने?

श क्तिः स्रो ता दग्‍ धा
वा णी आ भा ओं की
शा न्तिः श्री प्रा णों की
इ त नी पास अपने!

बा दल अक्‍ तू बर के
हल्‍ के रं गीन ऊ दे
मद्‍ धम् मद्‍ धम् रु क्‍ ते
रु क्‍ ते-से आ जा ते
इ त ने पास अपने!

एक्-इक पत्‍ ता सा कत्
ठै रा, सन्‍ ध्या भा में

सुन ता-सा कुछ...कि स को
  इ त ने पास अपने!

या दों की द्वा भा एँ
  बा दल् के भा लों पर
    चम की - सी लय हो ने
      धी रे धी रे धी रे
        इ त ने पास अपने!

वा णी वि द्यु ल्ले खा–
  से क्या इं गित कर ती
    दे खा? तू ने दे खा?
      ते रे स्वर का स्वर है
        कि त ने पास अपने!

बादलों के मौन गेरू-पंख

बादलों के मौन गेरू-पंख, संन्यासी, खुले हैं
श्याम पथ पर
स्थिर हुए-से, चल।

तू कि पत्थर हो गया है
ओ विहग-मन,
बैठता जाता रहा है
किस दिशा में?

तन नहीं पाताल
केवल पाँव के नीचे गई है घूम
धरती।

तू किधर जाता रहा है
किस दिशा की नोक-सा, ओझल?

सुरमई-गेरू
पंख

आँखों में, खोलते हैं श्याम पथ पर
कौन-सी गति गहन?

तुम मुझे खोते गए हो : यही अर्थ
है समय की चाल का।
बस।

कत्थई गुलाब

कत्थई गुलाब
दबाए हुए हैं
नर्म नर्म
केसरिया साँवलापन   मानो
शाम की
        अंगूरी रेशम की झलक,
                कोमल
                कोहरिल
        बिजलियाँ-सी
        लहराये हुए हैं

आकाशीय
गंगा की
झिलमिली ओढ़े
तुम्हारे
    तन का छन्द
            गतस्पर्श
अति अति अति नवीन आशाओं भरा
तुम्हारा

बन्द बन्द

"ये लहरें घेर लेती हैं
ये लहरें...
उभरकर अर्द्धद्वितीया
टूट जाता है..."

किसका होगा यह पद
किस कवि-मन का
किस सरि-तट पर सुना?

ओ प्रेम की
असम्भव सरलते
सदैव सदैव!

ओ मेरे घर

ओ मेरे घर
ओ हे मेरी पृथ्वी
साँस के एवज़ तूने क्या दिया मुझे
—ओ मेरी माँ?

तूने युद्ध ही मुझे दिया
प्रेम ही मुझे दिया क्रूरतम कटुतम
और क्या दिया
मुझे भगवान दिए कई-कई
मुझसे भी निरीह मुझसे भी निरीह!
और अद्भुत शक्तिशाली मकानीकी प्रतिमाएँ!

ऐसी मुझे ज़िन्दगी दी
ओह
आँखें दीं जो गीली मिट्टी का बुदबुद-सी हैं
और तारे दिए मुझे अनगिनती
साँसों की तरह
अनगिनती इकाइयों में

मुझसे लगातार दूर जाते
मौत की व्यर्थ प्रतीक्षाओं-से!

और दी मुझे एक लम्बे नाटक की
हँसी
फैली हुई
दर्शकशाला के इस छोर से उस छोर तक
लहराती कटु-क्रूर!

फिर मुझे जागना दिया, यह कहकर कि
लो और सोओ!
और वही तलवारें अँधेरे की
अन्तिम लोरियों के बजाय!

इंसान के अँखौटे में डालकर मुझे
सब कुछ तो दे दिया :
जब मुझे मेरे कवि का बीज दिया कटु-तिक्त।

फिर एक ही जन्म में और क्या-क्या
चाहिए!

हमारी ज़मीन

हमारी ज़मीन जो सिर्फ़ अपने चाँद से
पास है, सूरज से कितनी दूर है
यद्यपि उससे बँधी हुई : और ग्रहों से भी
एक तरह से बँधी-सी ही हुई : मगर सदैव
के लिए अकेली—हमारी ज़मीन
जिस पर मैं हूँ : हम दोनों कितने
अकेले इस विश्व में! एकदम कितने
अकेले—दूऽर सबसे...सबसे!
यद्यपि गुंजान खिलखिलाते या मिचमिचाते
तारों से घिरे हुए—एकदम घबरा देनेवाली
(तारों की)
झिलमिलाती झाड़ियों से घिरे हुए : फिर भी
उफ़ कितने असहाय और अकेले—मैं
और मेरी ज़मीन, इस विश्व में!

मैं तो खैर... ... ...
मेरी ज़मीन भी क्या
एक दिन

एक दिन... ...?
खैर!

जो नियम है वह नियम है।
जो नियम है वह—है।

पिकासोई कला

[पिकासो के एक एलबम को देर तक देखते रहने के बाद]

जीवन की तुला में
प्राणों का संयमन

सहजतम एक अद्भुत व्यापार
सरलता   का   हमारी ही तरह
कैसा   दुरूहतम स्पष्टतम...

रेखाएँ तनों का तनावों का   लिबास
लिबास   रंग   प्रतिबिम्ब   आत्यन्तिक
तालमेल   निरपेक्ष   नाटकीय
स्थिरतरीय   रेखाएँ   और   रंग

कसा हुआ मंच
सिरजन और संयमन

होने-होने को जो क्षण-क्षण
उसी अनागत का
स्वागत निरन्तर
पिकासोई कला।

भारतीय दृष्टि पूछती ही है :
पल-छिन-आयाम-अर्थों के आभास के
सारांश-जैसे रूप ये
लीलाएँ-जैसी असंगतियाँ ये...

पता नहीं कहाँ-कहाँ जोड़ हैं
भूर्भुव स्वः के अपर पर रंग-बिरंग के
आदि अन्त आदि के...!

तथापि यह वह इन उन मैं तुम सब का
तथागतीकरण है कला यह।

कोई तो है
जो नहीं किया जा सका वरण।
उसी का
दिक्काल में यह
हरण।
कोई तो है यह
कोई तो यह
पिकासोई क्षण।

कला-आत्मारूप यहीं कूची कोयला पत्थर
अंगड़-खंगड़ चमड़ा चीनीमिट्टी
हड्डी लकड़ी काग़ज़ कुछ भी कहीं भी
सकल वर्ग सर्ग में जो है
सब कुछ बनाकर दृष्टि एक
मार्मिक-इतिहास-भिदी अद्वितीय
अत्यधिक निजी अधुनातन की सीमाश्री
सदा एक नए समय की गर्म साँस
अपनी-सी ही बहुत यह कला पिकासोई...

गोया वो...

[श्रद्धेय उस्ताद स्वर्गीय प्रोफेसर एजाज़ हुसैन साहब को याद करते हुए]

1

गोया वो सामने ही हैं
अपनी साँवली-साँवली-सी   पहचान में
काव्योक्तियाँ   मुस्कराते
पान की लालियों से शाम के होंठों पर
मन के चित्र बनाते
परस्पर अनुभूत
एक लय ऐसी लिये हुए जिसमें
अनेक वर्षों के पर्तों
झूम रहे हैं   पीड़ा से   हर्ष से
उदास मौन समझ लिये
अनगिनत आइनों को
न जाने कितने कोणों से प्रतिबिम्बित किए हुए
ग़ौर से देखो तो   हम सबका एक धुँधला इन्द्रधनुष बनाते
हाँ, वो कोई क्लासिकी अन्दाज
बड़े अवामी बाँकपन के साथ
सजीव किए हुए

मुझे घेरे हुए
वो सब मेरी सुनते हैं
और मैं उनकी

उनसे कितनी ही बात
निरन्तर होती रहतीं
होतीऽ रहतीं
निरन्तर...

2

शफ़क नीलगूँ हैं। शफ़क और
नीलगूँ...यों क्यों है
क्षितिज
एक धुँधला ब्रिज है
जो यकायक उठ आता
उठा चला आता
मेरी आँखों के सामने ही
और आँखों से जुड़कर वह
फिर दूऽर तक
फैल जाता / खुद
मेरी आँखों के डेलों को लिये हुए जो दूऽर
पाऽर तक
पहुँच जाते पार पार

3

म्याँ हमसे कुछ बोलो! बोलो!
बोलो तो सही।
भइया! भइया!

अरे भाई, तुम किधर हो ज़रा सुनो तो सही।
मैं नहीं सुन रहा हूँ। मैं किसी की नहीं
सुनता।
मेरे सामने तो
कुछ मार्मिक भाषाओं के स्वरूप
और नाद
कुछ प्राचीन हार्दिकताएँ
या कुछ सचित्र
अत्याधुनिक मर्म की सूचनाएँ
कुछ ग़ज़लों के टुकड़े
कुछ मुनाजातें कुछ प्रार्थनाएँ
तैरती आ रही हैं

मैं डोल रहा हूँ जहाँ
वहाँ
एक जहान जैसे डोल रहा है
अरे
उसे प्रकाशन नहीं चाहिए—नहीं, कत्तई नहीं

बड़ी से बड़ी कृति यहाँ तो
कोई बड़ा ही क़ीमती इश्तहार है
आदमी कोई आधुनिक बाज़ार है
जितना ही बड़ा आर्टिस्ट जो है
उतना ही बड़ा पत्रकार है

4

मेरी दुनिया सहज ही इनसे दूर-पार कहीं गुम हो गई है।
वहाँ अभी बस्तियाँ नहीं बसाई गईं

वहाँ झुलसा देनेवाला दिव्य प्रकाश अभी नहीं उजाला गया
और लोग वहाँ वर्णों के वर्णों के प्रवर्णों में
सवर्णित घूर्णित नहीं हुए अभी,
—अभी नहीं

वहाँ सचमुच
—किसी कैमरे को यक़ीन न आएगा
वहाँ सब कुछ सब कुछ निरावरण है
जो, जो कुछ है, वही है।

रोम सागर के बीचोबीच

[डॉ. इरीना ज़ेहरा के लिए]

रोम सागर के बीचोबबीच
आधुनिक माल्टा के सुसंस्कृत टापू में
उत्तर भारत का हृदय और मस्तिष्क
कोई टटोल रहा है

इस सागर के अन्दर
हमारे कितने संसार समाए हुए हैं?
घोर वर्षा में टूटकर गिरी हुई डाल से
विच्छिन्न घोंसले के तिनके-सी
किसी प्राचीन पूर्वी देश की भूखी आत्मा
कभी इधर कभी उधर भटकती
फिरती है

एक साथ कितनी सदियों में से होकर हम
आज गुज़र रहे हैं
यहाँ कुछ जो मूल्यवान रह गया है वह आज
क्या कुछ अपनी ही चुराई हुई-सी खंडित मूर्तियाँ नहीं

जिनके सदियों पूर्व उकेरे हुए मुख आज
अमरीका की ओर मुड़ गए हैं

उनका नख-शिख आज
हमारी अर्थहीन आस्थाओं ने
विकृत कर दिया है, कला के पारखी
हमें बताते हैं
मेरी तो जबान गूँगी हो गई है
मगर लोगों के होंठ सपनों में हिलते-से
जान पड़ते हैं

और यह खामोशी बता रही है
कि मेरे कुछ दोस्त और बुजुर्ग
बहुत ही दूर चले गए हैं
आर. एन. देव शिवचन्द्र बन्नेभाई
प्रकाशचन्द गुप्त मुक्तिबोध प्रोफेसर एजाज़ हुसैन
और...और...

हमी एक हमेशा के आलसी
पिछड़ गए हैं
क्यों आख़िर...

मेरा सगा भाई आया था छह सौ मील से
और मैं उससे मिलने को आगे नहीं बढ़ सका
क्या मैं उसको भूल गया था?
या कि मैं यहाँ होते हुए भी नहीं था
फिर एक एक अक्षर जिसका मेरे ही सामने

खुला बँधा रखा रहता है उसे...
और मेरी बेटी और बहन मेरे पत्रों का इन्तजार
करती रहेंगी

आगे महीनों महीनों
मेरे भावुक वादों के जो अफसाने
बना लिये गए थे
उन्हें मेरे दोस्त भूल भी गए हैं
मैं तो अब किंवदन्तियों में भी नहीं पाया जाऊँगा।
एक बहुमूल्य पुराने क़लम की तरह
किसी सुलगते हुए घर में एकाएक
गुम हो गया हूँ
लपटें अब भी बराबर आ रही हैं
और अब तो एक खामोश रिमझिम भी शुरू हो गई
कैसी अजब बात है कि पहाड़ घूम रहे हैं
और कोई झरना बहुत ज़ियादा शोर मचा रहा है
मैं किसी बहुत प्राचीन गूँज में डूब गया हूँ
और यह दुनिया उसी की एक दीर्घ अनुगूँज बनती
जा रही है।

डूबते सूरज की तरह शरमाता हुआ-सा कोई ईश्वर
मेरी धरती की ओर मुस्करा-मुस्कराकर देखता हुआ
डूबता जा रहा है

यकायक मैं एक बहुत छोटी-सी नाव में
अपने आपको नहीं पाता हूँ

और वहाँ रंगीन बर्फ़ का
बहता हुआ कोई टापू है

बहुत से देवता मुझे एक साथ देखने आए हैं क्यों
आए हैं
मैं ज़ोर देकर वह पद सुनाना चाहता हूँ
मो सम कौन कुटिल खल कामी

निपट मूर्ख...मगर ज़बान गुंग है
मगर मेरी अन्दर की आवाज़ भी वह
शायद सुन ही नहीं रहे हैं   केवल हँस रहे हैं
हँसे ही जा रहे हैं   कहीं मेरे अन्दर भी
जैसे कि बाहर भी वो हँसे ही जा रहे हैं
मैं विस्मय से एकाएक देख रहा हूँ
कि यह नया लोक इस अपार मृत्युलोक में
कहाँ से प्रकट हो गया!

विजय सोनी के चित्र

[नई दिल्ली में विजय सोनी के चित्रों की प्रदर्शनी का उद्‌घाटन करते हुए दो शब्द]

जिस्म जहाँ घुलता है
        रंगों की कोमलता में खो जाने
पावन आवेश दुख और दर्द का
        सुख की झाँकियों का
        जहाँ रोशनी और अँधेरे की
शतरंज बिछाता है
जहाँ दूरियों में हम हैं :
और नजदीकियों में तुम।

        और जहाँ मिलते हैं   वह एक
        कैनवस है
        जिसे हम छू नहीं सकते
        क्योंकि उसे हम जी रहे हैं

यह एक माध्यम है
जिसे रंग मिल-मिल के पकड़ने के लिए
        खोए जा रहे हैं

यहाँ जो कुछ ठोस है
वह धड़क रहा है
और जहाँ धड़कन है वहाँ
खामोशी है
दम साधे हुए।
आज की चीख-पुकार में
एक बहुत कोमल तान
खो गई है।
उसे पाना है।
विजय सोनी,
तुम डेन्मार्क जाओ
स्वीडन पोलैंड में
कोई नया रूप
जन्म ले रहा है
अनपहचाने शायद
उसकी परछाईं मैं यहाँ
पकड़ रहा हूँ
'शिल्प-चक्र' में।
शायद मुक्तिबोध* आज
यहीं खड़ा है।
वह ऊँचा व्यक्ति
जो हम सबके पीछे है, और
हम सबको ऊपर से
देख रहा है।

हम पीछे मुड़कर न देखें।
सामने ही देखें।

* इस प्रदर्शनी के कई चित्र मुक्तिबोध की कहानी 'क्लाड ईथरली' का अन्तर्दर्शन थे। –श.

शायद उसकी नज़र
आईना बने।

हम सबकी नज़र
उसका आईना बने।
और हम उसको देखें
जो हमारा
आनेवाला व्यक्ति है।

संसार के चक्के पर हैं

संसार के चक्के पर हैं दो हाथ
दो हाथ : पूरब, पच्छिम :
आँखें
दोनों देखतीं एक-साथ
यह एक ही दृश्य।

हृदय गूँगा नहीं।
फेफड़े
दोनों काम करते
संग-संग, समान-रूप।

शरीर लड़े जा रहा, लड़े जा रहा है।
हृदय होम हो रहा है
धरती के मनुष्य-सा...
निरन्तर निरन्तर।

उसे
मीठी

नींद कब
आएगी
वह नींद
जो मीठी सुबह का
उजाला लाए।
चदुर्दिक्
समान रूप
उजाला।

दो सतहों पर चलते हुए आप आए

दो सतहों पर चलते हुए आप आए
अधर में से
शीशे की सीढ़ियों पर से
        उतरते
दो स्तर पर तार बजता
        गले का
एक रागिनी आकाश में प्रसारित हो
                        ऑफ़ हो जाती
हठात् हँसी के स्विच पर।

राजनीति का काग
बोतल को बन्द करता
कलाभावना की
    विशुद्ध
इन्क़िलाब होता
इन्क़िलाब को ख़त्म करने के लिए
और हम और आप हठात्
अजनबी बन जाते

सूइयाँ घड़ियों की
        तागा पिरोतीं
रेशमी समय का
        मेरी जेब सिलने के लिए कल
और तुम मुझसे नाराज़ होती-होती...
        होती-होती होती-होती...
मैं तुम्हें भूल जाता।
क्योंकि समय आ गया है
        भूलों और यादों के पार जाने का
समझीं मेरी दोस्त,
कौन, तुम न?

मेरे समय को...

मेरे समय को एक क़ाश की तरह काट दिया गया है।

× × ×

कवि एक बड़ा-सा तोता है, जैसे कि मैं।
जिसे उसके संरक्षक पालते हैं।
कई होते हैं वो।

× × ×

शतरंज का एक खाना है
जिसमें तुम मुझे ऊपर उठाकर रखते हो
हवा में कुछ देर अँगूठे और अँगुलियों के बीच
अनिश्चय में थामे हुए
जिस समय मैं समझता हूँ कि यह
मेरी कल्पनाशीलता का लोक है
मगर जो वास्तव में एक बारीक़ काट है
रुके हुए साँस की।

प्यार का मौसोलियम्

क्या कभी उड़ जाएगा यह
संगमरमर में समाया हुआ प्यार
ज़िन्दा
प्यार का मौसोलियम् ज़िन्दा

नहीं
अपना हृदय है इतिहास
अपना ताज रौज़ा
आत्मा का हास
यह संगमरमर
स्वप्न की उत्कृष्ट
प्राप्ति

मैं उसी में दफ़्न हूँ
जो तारकों की झिलमिली से झाँकता हूँ
व्योम के मौसोलियम् में
ताज उसका अमर नग दर्पण
मैं उसी में झाँकता हूँ हूँ

अनन्त तक

शाहजहाँ मैं
हृदय में नग आत्मा
मुमताज़ के
जो तुम।

कला

संगीत की धार
मोड़ देती है शमशीर की धार;
तोपों को ठंडा कर देती, सियासत को सकून बख़्शती
और दिलों को
मोह लेती है, मूरख बना देती है।

कला सबसे बड़ा संघर्ष बन जाती है
मनुष्य की आत्मा का—
प्रेम का कँवल कितना विशाल हो जाता है
आकाश जितना
और केवल उसी के दूसरे अर्थ सौन्दर्य हो जाते हैं
मनुष्य की आत्मा में।

सायंस एक धड़कन हो जाती है ज्ञानस्वरूप
और मनुष्य का समाज एक हो जाता है
संगीत से।

युद्ध को सबसे अधिक भय संगीत से है
(क्योंकि वह कहीं न कहीं अटामिक विस्फोट को
वश में कर लेता है)

चेहरे की शामों में

चेहरे की शामों में
होटों की कश्तियाँ
हौले-हौले हौले-हौलेऽऽ
हिलतीं
मौन मधुर
इनमें ही भरी हुई रहती हैं
चुम्बन की मिष्टियाँ

शाम के जल में ढलती हैं
मौन चतुर्दिक्
ये सारी सृष्टियाँ

गहराता आसमान
झुकता आसमान
वह भार तोले
हौले हौले
हौले हौलेऽऽ

वो एक हरा-नीला-सा कगार न था

वो एक हरा-नीला-सा कगार न था
समन्दर के झागों से घिरा हुआ
    और कहीं-कहीं कभी-कभी
    उनसे आच्छादित।

वो किसी लाल-भूरी चिड़िया के लिए
एक—उपयुक्त   निजी वातावरण था
किसी नन्ही दुबकी हुई-सी
            जान के लिए
जो प्रकृति से ही
अत्यन्त उन्मुक्त स्वभाव की होती है।
मगर अभी अभी तो
            उसे थोड़ी-सी शान्ति चाहिए
            बस-एक थोड़े-से समय की सुरक्षा
                    और शान्ति।

यद्यपि उसे यह सब नहीं मालूम
            और न यह कि   क्यों।

एक स्टिल-लाइफ

[स्वर्गीय चित्रकार सुप्रभात नन्दन की एक पेंटिंग]

पान मिस्सी में जड़े
जैसे कुँआरे कड़े हँसते-से मसूड़े
गाढ़ रक्तिम बीज दाड़िम के
खुले दल में

सेब दो-ठो पास-पास
एक चित्ती बुँदकियों की
उषा मुख पर मले
उससे लगा
नम्र कोमल छाँहवाला
दूसरे का हरा गोल कपोल
दोनों मौन

'हरित पल' से
मौन केले धरे दो बस
कहीं कुहरे में ढकी हों नाव जैसे
दो

वाष्प शीतल ग्लास का
आधा-भरा जल
पास ही   वह जग

केवल
एक स्थिर बादल-पटल पीछे
लहराता-सा
एक करवट से पड़ा
हिलता हुआ-सा   मूक
पट वह

प्लेट का अस्पष्ट क्षितिज निकट
मेज   पर ही
खिल रहा है कठिन दाड़िम प्रात
गुमसुम

स्थिर   यहीं।

जाड़ों की सुबह के सात-आठ बजे

उड़ते पंखों की परछाइयाँ
हलके झाड़ू से धूप को समेटने की कोशिश हो जैसे
व्यर्थ, क्योंकि
धूप वस्तुओं के अन्दर है जहाँ-जहाँ भी है, इस समय तो।

केवल परछाइयों के विभिन्न फ्रेम
सुप्त हैं
(धूप होने का स्वप्न देखते हुए)...

धूप मेरे अन्दर भी। इस समय तो।
परछाइयों के फ्रेम के अन्दर
सुप्त।

थम् एक् ठोस रोशनी का

थम् एक्   ठोस रोशनी का,
                सुबह औ' शाम को सँभाले,
सहारा है मेरे
साँसों की सुदीर्घ व्योम छत का।

ये घूमते तनोवे हैं मंडल
करोड़ों करोड़ों जनों के
सघनतम से भी सघनतम अन्धकार
                लीले हुए हैं ये सभी चक्रमंडलों के
                असंख्य   दाने
मगर   मेरे लिए
एक् ठोस थम् ही
अनगिनत रोशनियों का
—बहुत
काफी :
युगों तक के लिए।

धारीदार जाँघिया पीला

धारीदार जाँघिया पीला
　　　　　　　　　　और धारीदार बनयान पहने
धीरे-धीरे बेआवाज़, पंजों के बल
चलता हुआ　　हल्के अँधेरों से
निकलकर　हल्के अँधेरों में
लोप हो गया

उसकी आगे को बढ़ी हुई
झुकी-झुकी गर्दन
　　　　　　　　　　और तेज चमकती आँखें
अब भी　उसी रास्ते पर
　　　　　　　　　　तैरती-सी　　धीरे धीरे
　　　　　　　　　　बढ़ती जा रही हैं
हल्के अँधेरे को और सघन
और गहरा और गहरा करती

हर-हर कदम पर वो पतला सर
एक बे-मालूम झटके से

दाएँ से बाएँ को बाएँ से दाएँ को
हिलाता हुआ   अब भी मेरे आगे से
चुपचाप निकला जा रहा है

यह सड़क बियाबान है
यह घरों की कतार कोई सूना-सा जंगल
मैं यहाँ   हूँ कौन
वह मुझे नहीं देख रहा है   या शायद
बहुत अच्छी तरह जाने हुए हो कि
यहाँ कोई है
पर उसके लिए ऐसा ही है
जैसे यहाँ कोई नहीं

अब भी   इत्मीनान से
उसी एक चाल से और उसी अन्दाज से
वो मेरे सामने से धीरे-धीरे
निकला चला जा रहा है।

अनिल चौधरी के चित्र

[जो दिल्ली की एक प्रदर्शनी में देखे]

शिमला के पहाड़
          गुड़ीमुड़ी
                    रजाइयों में   दुबके पड़े हैं
हरे भरे काही बैंगनी भूरे नीले आकाश के नीचे
स्वच्छ या गदरे रंगों के आकाश के नीचे
और चम्बल घाटी की गोलमोल विरल रोयेंदार
                                        पहाड़ियाँ
                उपत्यकाओं की उपत्यकाएँ
                भेड़ों का घना रेवड़ हैं   और
जल,   हरा   चौड़ा   दूर   तक
                एक किनारे   फैला
चला गया है
ये साँस लेते पहाड़ ये उसाँस लेती पहाड़ियाँ
ये चिकनी पथरीली गलियारियाँ
यह ठहरा हुआ-सा केसरिया आसमान
आत्मीय पारिवारिक मुँह से मुँह मिलाए हुए मानो
ऐसी भरी-पूरी शान्ति   सबकी
                    इस निर्जल लगते वातावरण में

वन झाड़ियों के उमेठे हुए तौलियों के बीच से
फैलकर बहता एक चौड़ा शान्त चश्मा
दूर......वह चश्मा चुपचाप गिर रहा है
—चट्टानों की चिकनी मेहराब के बीच से हम
देख रहे हैं—
ये वन उपत्यकाएँ नहीं गुदगुदेबे बच्चे
सो रहे हैं; कहीं-कहीं गुदगुदैली माँएँ और पत्नियाँ
और बेख़बर सपनों में जड़ बने उनके
वयस्क आत्मीय जन साथ-साथ
एक अजब कोमलता से सब आश्वस्त
अजब है ना?

दो सैनिक बूट वहाँ एक तरफ खड़े...
व्यंग्य-विद्रूप सा लगता है
वे इस चौखटे से बाहर दूसरे दरवाजे में हैं

एक स्वच्छ और निर्मल
कविता यहाँ बह रही है
एक जवान कविता

वास्तव में दो कैनवास हैं
एक तरल : एक स्थिर
दोनों पारदर्शी
एक दूसरे में छिपे हुए।

सौन्दर्य

एक सोने की घाटी जैसे उड़ चली
जब तूने अपने हाथ उठाकर
मुझे देखा
एक कमल सहस्रदली होटों से
दिशाओं को छूने लगा
जब तूने आँख भर मुझे देखा।

न जाने किसने मुझे अतुलित
छवि के भयानक अतल से
निकाला...जब तू, बाल लहराए,
मेरे सम्मुख खड़ी थी : मुझे नहीं ज्ञात।
सच बताना, क्या तू ही तो नहीं थी?

तूने मुझे दूरियों से बढ़कर
एक अहर्निश गोद बनकर
लपेट लिया है,
इतनी विशाल व्यापक तू होगी,
सच कहता हूँ, मुझे स्वप्न में भी
गुमान न था।

हाँ, तेरी हँसी को मैं उषा की भाप से निर्मित
गुलाब की बिखरती पँखुड़ियाँ ही समझता था :
मगर वह मेरा हृदय भी कभी छील डालेगी,
मुझे मालूम न था।
तेरी निर्दयता ही शायद दया हो,
दोनों की एकप्राणता ही शायद
तेरा अजानपन और
तेरा सौन्दर्य है।

एक आदर्श/लहरों के पार...

एक आदर्श
लहरों के पार
अद्भुत रूप से मौन है
और हमारे उसके बीच मौन विस्तार में
कोई अमूल्य व्यर्थता चमक रही है
और इसी किनारे पर है वह तेज़ धार वाला पौदा
तू उसी विस्तार की रंगीनियों में
अँजुली भर अँजुली भर

नदियों में अनुभव का ताप खिला हुआ है
उस पर मुर्दों की छाया-सी
कोई चील उतर रही है

ख़ाली बूँदें टप-टप गिर रही हैं : तरलता कितनी बेजान है
यहाँ से शान्ति के गहवारे बहुत दूर हैं बहुत दूर हैं

हम राख हैं जो आईने के मुँह पर मले हुए हैं
क्या उसे माँजने के लिए?

नींद में ही हमारी यातना चित्र बनती है   ओह
उसे कैसे समझें
सरल और दुरूह हमारा दुख बच्चों-सा ही है।

नींद

देखो—वो ऽऽ...
काजल की तलवार
डूबी पलकन धार।

जागे
सुप्त हृदय पर
केवल
कोमलतम तिल
एक
उघार।

देखो ओ ऽ वो ऽऽ...
मर्म उघारे
चमक रहे हैं तारे
खिसक रही है रात
असंख्य
आँख
पसारे।

शाम-सुबह

आँख   योनि   गुलाब   दरिया का भँवर
        खुलती हुई शाम
डूबता सूरज
        अँधेरी की मिठास में

अमृत क्या है : सुबह
वह आई कहाँ से?
शाम से। हाँ
वह अँधेरों की मिठास से
                पैदा हुई
सुबह।

उषा...
    व्योम उज्ज्वल स्निग्ध
    सीधा देवता-सा खड़ा है
                स्थिर
    मानवी व्योम
कवि केवल कवि...

फ़ान गौग् का एक चित्र

[जो अज्ञेयजी के ड्राइंगरूम में कभी देखा था]

सोने का एक ज्वार उठा...

और–
गहरे नीले अनगिन पंखों से
    नीले अनगिन फेनिल पंखों से
उसे ढाँप लेने को
                व्यर्थ व्यर्थ...
                उट्ठा बवंडर।

जिधर देखो उधर वह
गहरी सुनहरी मौज
            मौज में है
                    दूर-दूर तक...
और एक नन्ही बटिया-सा मैं
उसी में
खो गया
चिड़ियों की डार जैसे
तीर-सी उड़ती आए

—और घने झुरमुटों में कहीं
खो जाए।
ज्वार...दूर-दूर दिशाओं में
हर-हर करता
ऊपर-नीचे
चारों ओर।

इसीलिए तमसा-से काले काग
झुंड-के-झुंड गहरे नीले-काले
काक-रोर करते
ढक लेने उसे
मानो छा ही लेंगे उसे
लील ही जाएँगे वे ज्वार को
ऐसे
उमँगे-उमँगे
लीन हुए...।

बार-बार आते वो
बार-बार!
व्यर्थ
व्यर्थ!

असम्भव

[कवि-कथाकार उपेन्द्रनाथ अश्क के लिए]

एक मछली दूसरे के मुँह से
काँटा निकाल रही थी
—चारा नहीं !!

(आह, काश के...!
हमारी बेचारगी यही न होती कि हम
फँसते ही चले जाएँ!!)

हवा-सी एकदम पतली

हवा-सी एकदम पतली—
कि आरपार देख लो—किन्तु
इस्पाती दीवार

अचल नहीं—विद्युद्धारा में चल,
खड़ी (अदृश्य, पर) स्पष्ट, अतिस्पष्ट,
बीच
हमारे-तुम्हारे। हमारे-तुम्हारे
बीच का प्रतिक्षण वह।

हँसती मौन विद्युत-सी, आँखों में
बोलती अकाट्य
नियम-सी, मौलिक। हमारे—
तुम्हारे
बीचो ऽ बीच
खड़ी
मूर्त लय-सी
अमर।

वह लिपित है स्वर में
वहीं। समय में
खनित। यदि है कहीं।
हम दोनों की राग–
जनित, हमारे
प्राणों के बीच की
वह
एकता।

सम्भवतः
वही तटस्थ
कला है।

वही
सत्य।

एक विदा

[जगदीश अग्रवाल के लिए]

देखा तुम्हें
उस शाम को
जब चाँद निकल चुका था

मगर सँवलाती ललाई में लिपटा हुआ
काफ़ी ऊपर
तीन चौथाई   ख़ामोश   गोल सादा चाँद

उसमें चमक न थी अभी
एक हलकी नीलाहट-सी लिये हुए
जैसे कोई आईना हो महज़

ग़ौर से देखा तो वह
कुछ मुस्कराता हुआ-सा भी लगा

और ग़ौर से देखा तो
मुझे शक होने लगा
वाक़ई
क्या वह ज़िन्दा है?

मगर वो तो आईना था
उदास मूक आईना

आकाश के विस्तार में
भवों से ऊपर उठता हुआ

रात में ढलती हुई तमतमाई-सी
लाज-भरी शाम के
अन्दर
वह सफ़ेद मुख
किसी ख़याल के बुख़ार का

तुम्हें देखा डूबा-डूबा
और हम ठीक से नमस्ते भी न कर सके
उस दिन।

रावल गोस्वामी के चित्र

अँधेरे स्रोतों के तट पर
झुकी हुई गम्भीर पलकें
खुली की खुली
स्थिर जल-सी

पारदर्शी नीलाहटें
निर्निमेष प्रश्नों के
कुंकुम रेखाचित्रों में
निर्वासित सम्राज्ञियाँ
आनन झलका जातीं
किसी-किसी कैनवास के चषक में

फिर मधुज्वाल पीते अघोरी
निकल आते
ताराऽक्षी छाँह में
अमृतवक्षी सत्ता से सन्नद्ध
नेत्र उलटाए हुए
स्थिर जोत मूँदे?

लोबान धुएँ का चित्र मिट जाएगा
बस गन्ध रह जाएगी

सिन्दूरी रेशम डोरे हवा में
कँटीले तारों-फँसे
रक्त-सने सिहर रहे हैं कि
कोई नृत्य है
गहर आएँगे जब सातों रंग
मसूड़ों की अर्थपूर्ण लालिमा
चमकाने लगेगी दाँत
जैसे किरणें सूर्यास्त के बाद
तारों में छुपकर
कनखियों का सपना बन जाएँ।

थरथराता रहा

[एक विचित्र प्रेम-अनुभूति]

थरथराता रहा जैसे बेंत
मेरा काय...कितनी देर तक
आपादमस्तक
एक पीपल पात मैं थरथर।
काँपती काया शिराओं-भरी
झन-झन
देर तक बजती रही
और समस्त वातावरण
मानो झंझावात
ऐसा क्षण वह आपात
स्थिति का।

प्रभाकर माचवे

[साठवीं वर्षगाँठ पर समर्पित]

[माचवेजी की पंक्ति 'तुम सम शेर लिखे को, जट्टा' ने कुछ ऐसा गुदगुदाया कि उन्हीं की तुक योजना और शैली में उनके प्रति अपने हार्दिक उद्गार प्रकट किए बिना मैं न रह सका।]

जट्टे! बहुत गुनी महर्हट्टा!!
लाय सहस पद एक झपट्टा!!!

प्रतिभा में गुरु!—प्रथम आधुनिक*
कवि होना भी है क्या ठट्ठा?!

जय दामोदर! चली लेखनी!
आशु पदों का लग गया ठट्ठा।

छायावादोत्तर दंगल में
अग्रिम सरस्वती का पट्ठा!

---

* आधुनिकता भावुकता के विरोध से प्रारम्भ होती है; और इस विरोध में और नाना व्यंग्य छन्द प्रयोगों में माचवेजी आधुनिकों में पहले हैं।

सब के संग भंग में भी क्या
न्यारा है तेरा सिल-बट्टा!

सर्व रसों का, व्यंग्य, सर्वरस :
मीठा-मीठा खट्टा-खट्टा!

तेरा लोहा माने त्रिलोचन
पकड़े यदि वह तेरा गट्टा!

एक-एक पद में देखे हैं
सौ-सौ छन्द-प्रकार इकट्ठा।

युग-युग जियो प्रभाकर प्यारे,
माथे सरस्वती का पट्टा!

शोभा

मासूमियत   हरी दूब   कलियाँ   हलकी
मूँगा धूप   विश्वास सहज
उल्लास   बहुत-ज्ञान-नहीं   उसकी
सुनहली   पहली-पहली-सी किरनें

लॅऽव   एक सम्पूर्ण समर्पण की
कोमलता   कहीं फिल्मों के प्यारे-प्यारे-से
गीत   और कोई भूली-भटकी मैटिनी-सहेली राज
और दोस्त अजय   और
ताऊ जी कभी नाराज कभी बहुत खुश
और टॉफ़ी   अब कम-कम
उपदेश ज्यादा

बस्स
ये पहली बरसातें   दक्खिना
दिल्ली की   खुली हवाएँ   शाम
चिड़ियाँ   और वही
मासूम-सी फ़िज़ा में यहाँ   बहुत भली

और नई-नई समझदारी
और प्रस्तुत कवि का
अकेलापन और विलूड्यूराँ : 'सीज़र
और क्राइस्ट' और राजनीति और धर्म और
साहित्य की हृदयहीनता एक ओजस्वी
बकवास और कुछ नहीं बस्स
और वही
गहराता अकेलापन।

●●●